고급
일본어회화

上級日本語会話

고급 일본어회화

한국외국어대학교 일본어통번역학과 교재편찬위원회 엮음

HUiNE

はじめに

みなさんは日本語の会話能力について、どのようなことができるレベルを上級だと思いますか。例えば難しい表現や文法が使えるのも上級であることの一つの側面です。また上級と聞いて、流暢なスピードで話すことができる人をイメージした人もいるかもしれません。表現や文法、流暢さなどと比べると意識されにくいのですが、実はそれらと同じぐらいとても重要なのは、複雑なテーマが扱えるか、話の構造は体系的か、そして論理的かということです。

CEFRという、ヨーロッパをはじめとして世界の各言語の言語教育・学習の場で広く適用されている国際的な規準があります。次のページ(表1)に、CEFRのうちの「話すこと全般」というカテゴリーの記述を載せました。みなさんの今の会話能力は、どのレベルでしょうか。簡単に分類すると、おおよそAレベルが初級（ここでは表に出していません）、B1レベルが中級前半、B2レベルが中級後半、C1レベルが上級、C2レベルが超級だと言えます。

表1の「話すこと全般」の下位カテゴリーである「講演やプレゼンテーションをする」カテゴリーの記述では、賛成や反対の理由を話したり複数の選択肢のメリットやデメリットを話したりすることができるのはB2.1レベルだとされています。そのような発表なら、中級会話の授業を受けたことのある学生であれば、ある程度できると思われます。そこで、上級会話の授業では学生のレベルがB2.1レベル以上であることを想定し、B2.2レベルやC1レベルになることを目指します。日本語能力試験(JLPT）では「話す」や「書く」といった日本語の能力を直接的に測っていないため結果をそのまま当てはめることはできませんが、想定する学生のレベルはだいたいN2級にすでに合格している程度だと言えます。そのため各ページの下には教科書本文に出てくるN1レベルまたは級外レベルの単語のうち、難易度の高いもののみをまとめています。

この教科書はおもに時事問題を扱うため、複雑なテーマについて話し合う練習になります。また十字モデルを活用して、体系的なプレゼンテーションができるよう練習をしていきます。さらに、論理的に考えて日本語で話し合ってみる活動をたくさん組み込みました。クラスで楽しく話し合いながら論理性を高め、結果的に日本語の会話能力を高めていってほしいと思っています。

側面(そくめん)：측면　流暢だ(りゅうちょう)：유창하다　記述(きじゅつ)：기술　下位(かい)：하위　選択肢(せんたくし)：선택지
メリット：장점　デメリット：단점, 결점　想定(そうてい)：상정　時事(じじ)：시사
十字(じゅうじ)：십자　組み込む(くこ)：넣다

表1「話すこと全般」カテゴリーのCan-do

C2レベル	聞き手が要点を記憶、あるいは後で思い出す際の足がかりになるような、論理的な構造を持った、流れのよい、構成のしっかりしたスピーチができる。
C1レベル	複雑な話題について、明瞭かつ詳細な記述やプレゼンテーションができる。下位テーマをまとめたり、一定の要点を展開しながら、適当な結論にもっていくことができる。
B2.2レベル	記述とプレゼンテーションを明確かつ体系的に展開できる。要点を見失わずに、関連する詳細情報を付け加えて、内容を補足できる。
B2.1レベル	自分の関心のある分野に関連した、広範囲な話題について、明確かつ詳細に記述、プレゼンテーションができる。事項を補足しながら、関連事例を挙げて、主張を強化、展開することができる。
B1レベル	自分の関心のあるさまざまな話題のうちのどれかについて、ほどほどの流暢さで、ある程度の長さの、簡単な記述やプレゼンテーションができる。その際、事柄の提示は直接的に並べるにとどまる。

※出典：CEFR　Can-do一覧　カテゴリーごと」(JF日本語教育スタンダード)をもとに作成
https://jfstandard.jp/pdf/CEFR_Cando_Category_list.pdf(閲覧日 ：2018年8月16日)

聞き手(きて) : 듣는 사람　際(さい) : 때, 경우　足がかり(あし) : 실마리, 계기　明瞭(めいりょう) : 명료
かつ : 동시에, 또한　詳細(しょうさい) : 상세　見失う(みうしな) : (시야에서) 잃다
付け加える(つくわ) : 덧붙이다, 더하다　補足(ほそく) : 보충　広範囲(こうはんい) : 광범위　事項(じこう) : 사항
挙げる(あ) : 들다　ほどほど : 적당　事柄(ことがら) : 내용　提示(ていじ) : 제시　閲覧(えつらん) : 열람

目次

第Ⅰ部
論理的思考力を高めるために

1. 考えるトレーニング

トレーニング① 答えが1つでないテーマを考える

グループに分かれて、答えが1つではないテーマについて意見をたくさん出してみましょう。

活動の目的

- 人によって視点や考えなどが異なることに気づく
- さまざまな意見を出し合うことを楽しむ

テーマ1：1番韓国らしい場所はどこだと思いますか。

テーマ2：1番大変な職業（仕事）は何だと思いますか。

テーマ3：「トロッコ問題」について、あなたならどうしますか。

トロッコ問題

いま、ブレーキのきかないトロッコが暴走しています。このまま進むと、線路の先にいる5人の作業員は全員間違いなく犠牲になります。なお、線路の途中には分岐点があります。もし分岐点でトロッコの進む方向を変えれば、5人の命は助けられます。しかし分岐した先の線路にいる新たな1人が犠牲になります。このような状況で、あなたはどのような行動をとりますか。

～によって：에 따라　**視点**(してん)：시점　**気づく**(き)：알아채다　**出し合う**(だ・あ)：서로 제시하다
トロッコ：트롤리　**暴走**(ぼうそう)：폭주　**犠牲**(ぎせい)：희생　**分岐点**(ぶんきてん)：분기점

トレーニング② メリット/デメリットを、できる限りたくさん考える

グループに分かれて、以下のテーマについてメリットまたはデメリットをたくさん考えてみましょう。

活動の目的

・メリット/デメリットをたくさん挙げることで、立場が強まり、論理性が高まることに気づく

テーマ1：紙の本と電子書籍

テーマ2：小中学校での化粧禁止

テーマ3：24週以内の人工妊娠中絶の全面合法化

強(つよ)まる：강해지다　高(たか)まる：높아지다　妊娠(にんしん)：임신　中絶(ちゅうぜつ)：중절　合法化(ごうほうか)：합법화

トレーニング③ いろいろな立場から考える

グループに分かれて、テーマについて異なる立場の意見をそれぞれたくさん考えてみましょう。

活動の目的

・立場が異なると意見が大きく変わりうることに気づく

テーマ1：積極的安楽死を認めるか

【立場】 患者本人 ・ 家族 ・ 医師などの病院関係者 …

テーマ2：幼稚園、保育園での監視カメラ設置の義務化

【立場】 子供 ・ 子供の父母 ・ 保育士 ・ 運営者 …

テーマ3：少年犯罪の実名報道

【立場】 加害者 ・ 加害者家族 ・ 被害者や被害者家族 ・ 一般人 …

安楽死(あんらくし)：안락사　**保育園**(ほいくえん)：어린이집　**監視**(かんし)：감시　**設置**(せっち)：설치　**保育士**(ほいくし)：보육사
運営(うんえい)：운영　**実名**(じつめい)：실명, 본명　**報道**(ほうどう)：보도　**加害**(かがい)：가해　**一般人**(いっぱんじん)：일반인

トレーニング④ 新しい制度を考える

グループに分かれて、現状を改善するための新しい制度を考えてみましょう。

活動の目的

- 現状に合った提案になるよう話し合う過程で、問題解決のための議論の大切さに気づく

テーマ1：公共の場所での飲酒規制

- どこまで、どの程度、規制するのが妥当だと思いますか 。

テーマ2：救急車の有料化

- 有料化するなら、いくらが妥当だと思いますか。
- 利用の際に、どのような手続きをおこなうのが良いと思いますか。

テーマ3：少年法(20歳未満の者の犯罪に適用)

- 処罰を成人と同じにすべき(少年法をなくすべき)だと思いますか。
- 年齢制限や処罰の程度などはどのくらいが妥当だと思いますか。
- 触法少年(10歳以上14歳未満)についても、変更が必要だと思いますか。

飲酒(いんしゅ)：음주　規制(きせい)：규제　救急車(きゅうきゅうしゃ)：구급차, 앰뷸런스　処罰(しょばつ)：처벌　触法(しょくほう)：법률위반

2. 十字モデルの活用

① 十字モデルとは

論理的思考を育て、体系的なプレゼンテーションができるようになるために、ここでは「十字モデル」の活用法を勉強します。おそらく「十字モデル」という名前を聞くのは、初めてでしょう。しかし内容をよく見てみれば、それほど目新しいものではありません。少しずつ確認していきましょう。

ステップ1

まず何かについて発表をする場合、扱うテーマの背景や現状などを述べた後で、自分の意見を述べ、最後にまとめや提言などをおこなうというのが大きな流れであると思います。この「問題意識(背景・現状)→主張→まとめ・提言」という流れは十字モデルの縦の軸を構成します(図1)。なおこれは「序論→本論→結論」という流れに対応しています。

どのテーマを選ぶか、また、そのテーマについて賛成と反対のどちらの立場で主張するか、などは自由ですので、この縦の軸は論理的かどうかを検討する主な対象ではありません。

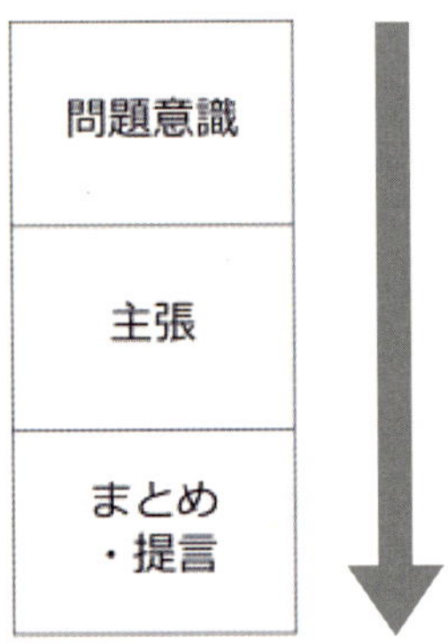

図1　十字モデルの縦の軸

目新しい(めあたらしい) : 새롭다　背景(はいけい) : 배경　まとめ : 요약　提言(ていげん) : 제언　軸(じく) : 축
序論(じょろん) : 서론　本論(ほんろん) : 본론

ステップ2

では縦の軸にいろいろな要素を加えて、論理性を高めていきましょう。自分の主張をより論理的にするには、どうしたら良いでしょうか。

まず、その主張の根拠を示すことが大切です(要素C)。また根拠を示すだけでなく、さらに数値やグラフなどのより客観的な要素を加えましょう(要素D)。データで示すのが難しい場合は、関係している法律や具体的な事例、過去の裁判の判決を示したり、信用できる学者の意見などを引用したりするのも1つの方法です。この「主張(B)+根拠(C)+データ・事例(D)」という流れは十字モデルの横軸の、右部分を構成します(図2)。

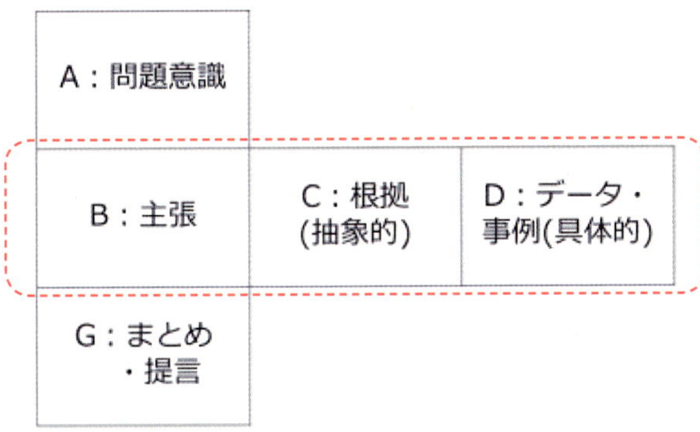

図2　十字モデルの横の軸(右部分)

根拠(こんきょ)：근거　数値(すうち)：수치　客観的(きゃっかんてき)：객관적　判決(はんけつ)：판결

ステップ3

図2にある5つの構成要素でも、1つのまとまったプレゼンテーションが可能ですが、ここではさらにもう1歩進めていきたいと思います。

主張をさらに論理的にするために、「予想される、自分の意見とは反対の意見」を自分で示し(要素E)、それから、その内容(E)への再反論をおこないます(要素F)。この「主張(B)+予想される反論(E)+再反論(F)」という流れは十字モデルの横軸の、左部分を構成します(図3)。なお図3には示していませんが、E(反論)やF(再反論)でもデータや事例を提示できると論理性が高まります。

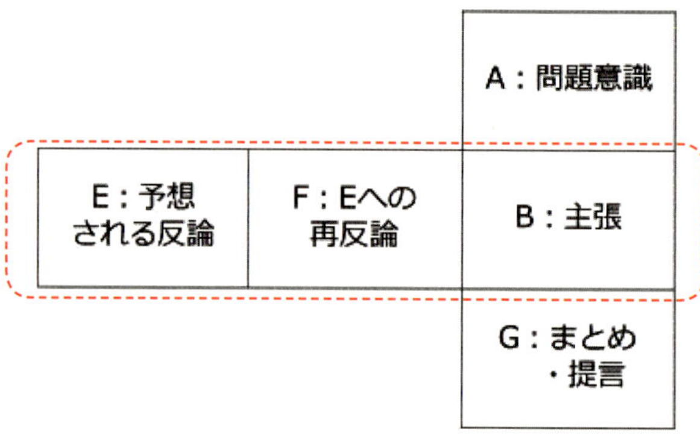

図3　十字モデルの横の軸(左部分)

予想(よそう)：예상　反論(はんろん)：반론

ステップ4

これまでの内容を図4にまとめました。図4に示したAからGまでが、十字モデルの7つの構成要素です。これらの要素を組み込むことで体系的なプレゼンテーションになるでしょう。

横の軸の要素であるC、D、E、Fについては、主張(B)との関連性も含めて、その論理性を検討する必要があります。そして、この部分を検討する過程で論理的思考が高められると言えます。

発表をより論理的にするために、横の軸の要素は、それぞれたくさん示しましょう。例えば根拠が1つの発表よりも、3つや4つなど根拠が複数示されている発表の方が良いです。また反論(E)では、より中心的な内容に反論をする方が、周辺的な内容に反論をするよりも良いです。再反論(F)でも同様に、より直接的な再反論をすることを意識しましょう。

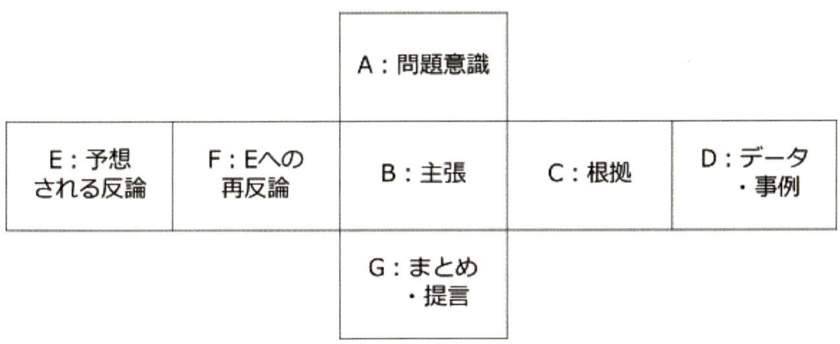

図4　十字モデルの7つの構成要素

参考文献

・牧野由香里(2007)「多元的なコミュニケーション能力を育成するカリキュラムとしての議論に求められる要因」『日本教育工学会論文誌』31(1)，日本教育工学会，pp. 1-13

・牧野由香里(2010)「対話の進化を可視化する知識構築の十字モデル」『日本教育工学会研究報告書JSET』10(3)，日本教育工学会，pp. 133-140

② 日常会話に見られる十字モデルの7つの要素

①で十字モデルについて確認しましたが、今のままではどのように活用すれば良いか、あまりぴんと来ないと思います。そこで、ここではごく一般的な日常会話を読んで、この会話の中に隠れている十字モデルの7つの要素を考えてみる活動をしてみようと思います。

活動A

以下は、キムさんとパクさんの会話です。十字モデルの7つの要素にあたる部分はどこでしょうか。該当する部分に下線を引いて、対応するアルファベット(A～G)を書き込んでみましょう。

キムさんの家から大学までは、バスで片道2時間かかるそうです。
通学時間の長さに悩んでいるキムさんが、パクさんに相談しています。

キム　家から大学に来るだけで2時間もかかるから、かなり大変なんだ。最近は家に帰っても、疲れて結局何もできないことが多くて。

パク　それは大変だね。じゃあ、大学の近くで1人暮らししたら？

キム　1人暮らしか。うーん、興味はあるんだけど…

パク　1日4時間、1週間で20時間…　1ヶ月で80時間も通学に使うなんてもったいないよ。ほら、毎日学校に通うのが嫌な人は、授業のない日を作ろうとして、あまり興味がない授業も無理にとったりしてるけど、それで成績悪くなったら最悪じゃん。1人暮らしなら時間割を組み立てる時も、そういう制限がないから良いと思うけど。

キム　確かに。前の学期は水曜に学校に来ないようにしたら、火曜が1限から8限まで授業だったから、ほんときつかったわ。

ぴんと来(く)る：알아차리다, 느낌이 오다　**～にあたる**：에 해당하는　**該当(がいとう)**：해당
書(か)き込(こ)む：써넣다　**最悪(さいあく)**：최악　**限(げん)**：교시

パク　でしょ。あとさ、友達と飲んで遅くなっていいのも大きいよ。宿舎だと門限があるし、それに知らない人と2人部屋ってなにげに疲れるじゃん。気を使うから。

キム　なるほど。でも1人暮らしってお金けっこうかかるんじゃない？

パク　まあ、どんなとこに住むかにもよるけど、安いとこだと1ヶ月30万ウォンぐらいのとこもあるらしいよ。宿舎は1学期120万ウォンだから、そんなに変わらないんじゃない？一括払いにすれば部屋の保証金も安くなるし。あとは食事をどうするかで、どこまで節約できるかは変わってくると思うけど。

キム　そっか。料理はそんなに嫌いじゃないし、食費は安くできるかもしれないな。…親に、次の学期から1人暮らししたいって相談してみようかな。

パク　そうしたらいいよ。あ、引越しの日が決まったら教えてね。手伝いに行くよ！

パクさんに相談した後、親に話をしてOKをもらったキムさんは、モヒョンで1人暮らしを始めて充実した日々を過ごすようになったそうです。めでたし、めでたし。

活動B

キムさんとパクさんの会話に関して、根拠が他にも考えられるか、グループで話し合ってみましょう。新しい根拠にはデータや事例などが提示できないかも考えてください。また、上記の会話で出ていない新しい反論も考えて、その反論に再反論してみましょう。

宿舎（しゅくしゃ）: 숙사　**門限**（もんげん）: 정해진 귀가 시간　**一括払い**（いっかつばらい）: 일시불　**食費**（しょくひ）: 식비　**充実**（じゅうじつ）: 충실
日々（ひび）: 나날　**～に関して**（かん）: 에 관해서

③ 日常会話を作ってみる

②で見たキムさんとパクさんの会話文のように、十字モデルの7つの構成要素を組み込んだ日常会話をグループで作ってみましょう。最後に、作った会話を授業で発表しましょう。

日常会話のアイデア

- 友達のAさんはもっと日本語が上手になりたいと思ってます。日本に留学した方が良いか、ワーキングホリデーで日本に行くのが良いか、韓国で勉強した方が良いか、悩んでいます。
- 友達のAさんはいま4年生です。もうすぐ卒業なので、就職に向けて何かしなければならないと思っていますが、何をしたら良いかわからず、悩んでいます。
- 友達のAさんはアルバイトでお金を貯めたので、初めて海外旅行に行こうと思っています。いま、どこに行こうか悩んでいます。
- 友達のAさんは性格は良いのですが、なかなか彼氏/彼女ができないことで悩んでいます。
- (自由)

④ 時事問題についての発表を聞きとる

先生が時事問題に関する発表をおこないます。内容は少し難しくなりますが、これまでの活動でおこなった日常会話の時と同じく、十字モデルの7つの要素(A～G)が入っています。いま話されている内容が十字モデルのどの要素にあたるかを考えながら発表を聞きましょう。また発表内容に関して、他にも根拠や反論が考えられるかグループで話し合ってみましょう。

貯(た)める：저축한다

⑤ 時事問題についての発表メモを作ってみる

事前活動でテーマについての関心と知識やデータを増やしたうえで、クラス活動をしましょう。

事前活動A（クラスでのディスカッション）

・小学生の時や、小学生になる前に、何か習い事をしていましたか。
・小学校での英語の授業が好きでしたか。おもしろかったですか。
・小学校での英語の授業は、その後の英語の勉強の役に立ちましたか。
・小学生になる前の子供への（早期）英語教育に賛成ですか。反対ですか。その理由は？
・英語教育は何歳からおこなうのが良いと思いますか。その理由は？

事前活動B（宿題）

小学生になる前の子供を対象にした韓国での英語教育について、クラスで賛成グループと反対グループに分かれます。次の授業までに、自分の主張（賛成または反対）の根拠や、その根拠を支えるデータをたくさん探してきましょう。

事前（じぜん）: 사전　**ディスカッション**: 디스커션, 토론　**習い事**（ならいごと）: 배우는 것/일　**早期**（そうき）: 조기

クラス活動

調べてきた根拠やデータを活用し、グループで十字モデルに沿った発表メモを作りましょう。

まず賛成または反対のグループ(3〜4人)に分かれます。そして、グループのメンバーでそれぞれが調べてきた根拠やデータを共有しながら、図5のパターン1またはパターン2の順番で発表内容を考えてみましょう。重要な部分が確認できれば良いので、発表メモには長い文章を書く必要はありません。根拠とデータが書けた時に1回、予想される反論と再反論が書けた時に1回、それぞれ先生のチェックを受けましょう。

パターン1
A：背景
B：主張
C・D：根拠とデータ①
C・D：根拠とデータ②
C・D：根拠とデータ③　※できれば
E・F：予想される反論と再反論①
E・F：予想される反論と再反論②
E・F：予想される反論と再反論③　※できれば
G：まとめと提言

パターン2
A：背景
B：主張
C・D：根拠とデータ①
E・F：予想される反論と再反論①
C・D：根拠とデータ②
E・F：予想される反論と再反論②
C・D：根拠とデータ③　※できれば
E・F：予想される反論と再反論③　※できれば
G：まとめと提言

図5　発表メモの内容

共有(きょうゆう)：공유

活動のTIP

- 長い文章を書く作業は負担が大きい場合もあります。そのような時は、グループで話し合った結果を学生が発表し、それを先生が黒板に書いてまとめるという方法も効果的です。この時、各グループが根拠とデータを複数示した後に、反対側の立場のグループに反論をしてみるのも良いでしょう。つまり賛成グループが反対グループの反論を、反対グループが賛成グループへの反論を考えて発表するわけです。このようにして反論された内容については、さらに再反論できないか各グループで話し合い、その結果を発表しましょう。
- 発表メモを作って先生からOKをもらったら、グループで実際に発表スライドを作成してみるのも良いでしょう。なお、スライド作成の際に気をつけることをこの教科書の第Ⅱ部にまとめています。第Ⅱ部の説明を参考にして、わかりやすいスライドを作りましょう。

memo

3. 論理性を高めるトレーニング

論理性を高める6つのトレーニングにはそれぞれ、「ホップ」「ステップ」「ジャンプ」の3段階があります。身近で簡単な例を示した「ホップ」の後に、時事問題について示した「ステップ」があります。どちらも例の中でどの部分がどうして問題なのかを考えてみましょう。最後の「ジャンプ」は練習問題です。「ステップ」の解説なども参考に、論理性の高い議論を目指してよく考えてみましょう。

トレーニング① 直接的な反論を考える

・以下の会話や議論を読んで、反論内容の問題点を考えてみましょう。
　そして、どのように修正すればより論理的な反論になるかも考えてみましょう。

ホップ

男：この前のデートでは僕がお金を出したから、今日は払ってくれない？
女：え、私のこと好きじゃないの？けちなこと言わないで、払ってよ！

ステップ

【主張】ペット連れでのバスの乗車を禁止するべきだ。
【根拠】動物アレルギーなどで、現実的に困っている人がいる。
【反論】動物も人と同じように、平等に扱うべきだ。

身近(みぢか)だ：친숙하다　例(れい)：예　アレルギー：알레르기

ステップの解説

ここでの根拠はアレルギーに関するものなので、アレルギーに関する反論をすると直接的だと言えます。今の反論は「動物と人間の扱いが平等かどうか」を扱っているため、直接的とは言えません。なお厳密に言えば「動物と一緒に乗車したい人間」対「バスに動物が乗車することを拒否したい人間」が対立しているのであって、「バスに乗りたい動物」対「バスに動物が乗るのを拒否したい人間」という対立ではない、という問題もあります。

例えばここでは、「タバコや香水、化粧品の匂いなどでアレルギー反応が出る人もいる。アレルギーの原因は動物だけでないのに、動物だけ乗車を禁止するのは不公平だ」などと反論すると、より直接的だと言えるでしょう。

ジャンプ

・以下の根拠に対する直接的な反論を考えてみましょう。「確かに主張に対する反論の1つではあるけれど、今回の根拠とはあまり関係がない」という反論にならないように気をつけましょう。

【主張】韓国でも死刑を執行するべきだ。

【根拠】死刑制度はあるが最近は執行されていない。
死刑囚を生かすためにお金ばかりかかっている。

扱い(あつか) : 대우, 취급　本質(ほんしつ) : 본질　厳密(げんみつ) : 엄밀　拒否(きょひ) : 거부　反応(はんのう) : 반응
不公平だ(ふこうへい) : 불공평하다　～に対する(たい) : 에 대한　死刑(しけい) : 사형　執行(しっこう) : 집행
死刑囚(しけいしゅう) : 사형수　生かす(い) : 살리다

トレーニング② 直接的な再反論を考える

・以下の会話や議論を読んで、再反論の内容の問題点を考えてみましょう。
　そして、どのように修正すればより論理的な再反論になるかも考えてみましょう。

ホップ

男：今度の週末、一緒に山に行こうよ。今の時期は花がきれいらしいよ。

女：え～、山登り？嫌だよ。汗かいてべたべたするし、山に登っても疲れるだけじゃん。お花なら近くの公園にもたくさん咲いてるよ。

男：山に登って健康的に汗をかくのは良いことじゃん。最近、汗をかくほど運動してないでしょ？

ステップ

【主張】ノーキッズゾーン設置に賛成

【根拠】小さな子供がお店の物を壊すことがある。うるさく騒ぐこともある。子供がお店の中を走って危ないこともあるが、親が子供を注意しないこともある。

【反論】それは例外的なケースだ。すべての子供が物を壊したりうるさく騒ぐわけではない。正しく注意する親もいる。したがって年齢を基準にしたノーキッズゾーンの設置は差別だ。

【再反論】しかし、お客がお店に損害を与える場合は、そのお客の入店を拒否する権利がお店にはある。

べたべた：끈적끈적　　ノーキッズゾーン：노키즈존　　入店（にゅうてん）：입점

ステップの解説

この再反論は「お客がお店に損害を与える場合」について説明していますが、ノーキッズゾーンの設置は「お客(子供)がお店に損害を与えるかどうかわからない」状態で初めから入店を拒否しているため、正しい再反論ではないと言えます。

例えばここでは、反論の中の「例外的な場合だ」という部分が正しいか検討し、「例外的とは言えない」ことを証明するデータを探して提示するのも良いでしょう。あるいは、そのようなケースが実際にはあまりないことを認めながらも、「走ったり騒いだりした子供がお店の中でけがをした場合、これまでの裁判の判決ではお店側が負担するお金がとても大きい。1度でも事故が起きれば負担が大きいので、それを事前に防ぐための措置だ。」と再反論することも可能でしょう。事故に関連して、「ノーキッズゾーンは、むしろ子供を守るためのものでもある」と言うこともできるかもしれません。

なお2017年11月に、ノーキッズゾーンを設置していたあるお店に対して韓国の国家人権委員会がノーキッズゾーンを設置しないよう勧告したことがあります。国家人権委員会の勧告は、子供が差別を受けない権利がお店側の営業の自由よりも優先されるという判断によるものです。この勧告について、みなさんはどのように考えますか。

ジャンプ

・以下の反論に対する、直接的な再反論を考えてみましょう。この時、根拠の繰り返しにならないように気をつけましょう。

【主張】公立中学校での無償給食に反対

【根拠】お金に余裕のある家庭もある。お金に余裕のない家庭の中学生のみ無償にしたら良い。

【反論】義務教育の期間は福祉の延長として、どの家庭の子供に対しても無償にするべきだ。また給食が無償の学生が恥ずかしい思いをするかもしれない。

措置(そち) : 조치　**勧告**(かんこく) : 권고　**優先**(ゆうせん) : 우선　**繰り返し**(くりかえし) : 되풀이　**無償**(むしょう) : 무상
義務教育(ぎむきょういく) : 의무교육　**福祉**(ふくし) : 복지　**思いをする**(おもいをする) : 체험하다, 경험하다

トレーニング③ 論理の飛躍を指摘する

・自分の中で「暗黙の了解」になっていることを相手に説明しなかった結果、論理が飛躍していたり、話が矛盾しているように聞こえたりすることがあります。以下の会話や議論を読んで、どの部分に論理の飛躍があるか、どのような説明を加えればその飛躍がなくなりうるかを考えてみましょう。

ホップ①

？「最近ずっと雨続きで、野菜が高い。だから僕は嬉しい。」

◎「最近ずっと雨続きで、野菜が高い。野菜が高いと母は野菜を買わない。僕は野菜が嫌いだ。だから僕は嬉しい。」

参考文献

・NHK『ロンリのちから』制作班(2015)『ロンリのちから』, 三笠書房, pp. 92-93

（※内容を一部修正して使用）

ホップ②

男：どうしたの？暗い顔して。
女：明日、大好きな歌手のコンサートに行くんだけど、悲しくて。

ステップ

【主張】赤ちゃんポストを廃止するべきだ。
【根拠】赤ちゃんポストがあると無責任な社会になってしまう。

飛躍(ひやく)：비약　指摘(してき)：지적　廃止(はいし)：폐지　赤(あか)ちゃんポスト：베이비 박스
無責任(むせきにん)だ：무책임하다

ステップの解説

根拠の「赤ちゃんポストがあると無責任な社会になってしまう」という内容は、今のままでは論理が飛躍しています。例えば赤ちゃんポストと無責任さに関して、「むしろ生まれてきたすべての子供に責任を持つためにも、赤ちゃんポストが必要だ。赤ちゃんポストを設置して、捨てられて死んでしまう赤ちゃんを助ける方が責任のある社会だと言える」という反論が出ることも予想されます。また、赤ちゃんポストに赤ちゃんを捨てる親が、どのような理由でそうしたのかはわかりません。親が「責任をとりたくない」と考えて捨てているとは限らないので、そのような意味でも「赤ちゃんポストがあると無責任な社会になる」とは言えないのではないでしょうか。この問題は、次のトレーニングとも関連しますが、何を、あるいはどのような状態を「無責任だ」と考えるかによっても意見が変わってくるかもしれませんね。

ジャンプ

・韓国で議論されている「自由学年制」について調べてみましょう。その後、以下の根拠に説明やデータなどを補って、論理の飛躍がないように修正しましょう。

【主張】自由学年制に反対

【根拠】進路意識やそのほかの能力向上について、効果がほとんど期待できない。副作用の方が大きいので、おこなうべきではない。

～制(せい)：제　進路(しんろ)：진로　向上(こうじょう)：향상　副作用(ふくさよう)：부작용

トレーニング④ 曖昧な部分を指摘する

・曖昧な表現を使用すると、意見がわかりにくくなったり、聞き手が誤解をしてしまったりします。できる限り曖昧な表現の使用を避け、明確な表現、客観的な表現を心がけましょう。大きく分類すると、以下の4つのタイプがあります。

A：使われている単語や表現が曖昧
B：定義や、想定している範囲などが曖昧
C：そのテーマについての立場（賛成か反対かなど）が曖昧
D：「負担が大きい」「利益が得られる」などの意見において「誰にとって、そうなのか」が曖昧

例えばAに関しては、「外国では」：どの国のことか、「いろいろな国で」：何ヵ国でそうなのか、「初期」：いつからいつまでのことか…などに気をつけると良いでしょう。また「ある程度」「だいたい」「ほとんど」などの表現を避けて具体的な程度や割合を示すことを意識しましょう。

Cについては、部分的に賛成あるいは反対という立場であれば、自分が賛成（反対）している範囲や条件などを明確に提示したうえで、根拠などを説明する必要があります。Dのように、どの立場の人にあてはまる意見なのかが不明確なのも良くありませんので、注意しましょう。

以下ではBタイプの曖昧さに関して練習していきます。ホップの会話の中で、2人の間に誤解を生じさせた単語を探しましょう。またステップの議論の中で、聞き手が誤解してしまう可能性のある表現がどれかを考え、それをどう修正すれば曖昧さが改善されるかについても考えてみましょう。

心(こころ)がける：항상 마음에 두고 노력하다　定義(ていぎ)：정의　～ヵ国(かこく)：개국　初期(しょき)：초기
不明確(ふめいかく)だ：불명확하다

ホップ

男：「学校にサンダルで行ったらだめ」って規則、厳しいと思わない？

女：う～ん。私は、義務教育の時だったらそういうルールがあっても良いんじゃないかと思うけど。ルールを守ることで社会性を学べたりするわけだし。

男：え？？義務教育？？実験の時に危険だから、サンダルがNGなんだよ。

ステップ

【主張】凶悪犯罪者の情報を公開するべきだ。

ルール：룰, 규칙　凶悪(きょうあく)：흉악　公開(こうかい)：공개

ステップの解説

この主張では、「凶悪犯罪者」をどのように定義するかによって、意見が変わるかもしれない点に曖昧さがあると言えます。さらに、公開するべきだとしている「情報」の範囲によっても、賛成と反対で意見が変わりうると指摘できます。

例えば殺人をして死刑または無期懲役になった犯罪者を「凶悪犯罪者」と定義した場合を考えてみましょう。少年犯罪などでない限り、その「凶悪犯罪者」が出所する可能性はとても低いと言えます。つまり、ここでの「凶悪犯罪者」が刑務所の外で生活するようになることはほとんどないと考えられるため、情報公開に賛成する側の「犯罪者の情報を公開することは地域住民の安心感につながる。住民はいっそう気をつけることができる。」といった意見はほとんど成立しなくなります。

「凶悪犯罪者」に性犯罪者を含めるべきか、どこまでが「凶悪な犯罪」なのか、また情報を公開するのであればどこまで公開するべきか、などに関してグループでいろいろ意見を出してみましょう。

ジャンプ

- 以下の主張のなかで曖昧な部分はどこか考えてみましょう。そして、範囲や条件などを明確にすることで曖昧な部分をなくしましょう。なお範囲や条件を明確にする際、その根拠になるようなデータも示せると良いです。

【主張】高齢者による車の運転は危険だ。
　　　　だから高齢者は厳しい検査を毎年受けるように義務付けるべきだ。

殺人（さつじん）：살인　無期懲役（むきちょうえき）：무기징역　出所（しゅっしょ）：출소　刑務所（けいむしょ）：형무소　高齢（こうれい）：고령
義務付ける（ぎむづける）：의무화하다

トレーニング⑤ 数字の意味を考える

・根拠や予想される反論、再反論ではそれぞれ、意見を支えるデータを準備して論理性を高める必要があります。データがないと、「なんとなく、私はそうだと思う」という、主観的で一方的な意見であると感じられるからです。ただしデータであれば何でも良いわけではありません。よくデータを見ると、かえって自分とは反対の立場の意見を支えるものであることもあります。また比較情報がないために、その数値が小さいのか大きいのか判断しにくいこともあります。そのような場合、聞き手に誤解を与えることも少なくないため注意が必要です。そこで、ここでは比較を通して数字の持っている意味をよく検討する練習をします。ホップの会話で、女の人はこのままスニーカーを買ってしまって良いでしょうか。買う前に、どのような情報があれば正しい判断ができるでしょうか。またステップの議論の中では、数字の扱い方の何が問題なのか、どんな比較情報があればより正しい判断ができるかを考えてみましょう。

ホップ

女：うわぁ、このスニーカー、50%オフだって！すごい！

男：セールで1万5千円か…。

女：このブランドが50%も割引してるの、私、見たことないよ。ってことは、ここより安く売るお店はないってことだよね。ちょうど白いスニーカー欲しいと思ってたから、買っちゃおうかな♪

ステップ

【意見】性犯罪は再犯の可能性が高い。

【データ】検挙された成人のうち「強制わいせつ」で28.5%、「強姦」で29.8%の人に前科があった。

※出典：「平成29年度版　犯罪白書　～更生を支援する地域のネットワーク～」(法務省)
http://hakusyo1.moj.go.jp/jp/64/nfm/n64_2_5_2_1_2.html　(閲覧日：2018年8月16日)

主観的（しゅかんてき）: 주관적　**～を通して**（とおして）: 를 통해　**再犯**（さいはん）: 재범　**検挙**（けんきょ）: 검거　**強制**（きょうせい）: 강제
わいせつ: 외설　**強姦**（ごうかん）: 강간

ステップの解説

データをよく見ると、犯罪全体で前科があった人※の平均は29.0%であり、「性犯罪は他の犯罪と比べて、際立って再犯者率が高い」わけではないことがわかります。むしろ再犯者率が高いのは「恐喝」58.3%、「強盗」43.7%、「詐欺」39.9%でした。またこのデータには同じ犯罪の前科があった人の割合も示されています。「強制わいせつ」は8.2%、「強姦」は5.3%だった一方、「窃盗」は20.1%、「恐喝」20.0%、「詐欺」14.3%でした。このように他の犯罪と比較することで、先入観で判断することなく、本当に「性犯罪は再犯の可能性が高い」と言えるのかどうかを検討することができます。

なお今回のデータは日本のものですので、韓国のデータがないか調べたうえでグループで話し合ってみると良いでしょう。その時、再犯といっても統計の方法によっては前科の内容が性犯罪でない場合もあるので注意しましょう。

※ ここで見ているのは検挙された人の中で前科のあった人の割合、つまり「再犯者率」であり、ある犯罪で有罪になった人が再び何かの犯罪で検挙される確率である「再犯率」とは異なることに気をつけてください。

ジャンプ

・以下の根拠を支えるデータを各自で探しましょう。そして、数字の持っている意味に注意しながらグループでデータの検討をおこないましょう。

【主張】外国人の済州島ビザなし入国に反対
【根拠】済州島で、外国人の犯罪が問題になっている。

◆考えるヒント

済州島を訪れる外国人の増加に伴って、確かに犯罪件数は増加しているようです。しかし済州島での外国人の犯罪件数や犯罪率が、ソウルや韓国全土での犯罪件数や犯罪率より際立って高いのか比較する必要があるでしょう。また外国人と韓国人についても比較しましょう。

際立つ(きわだつ): 두드러지다　恐喝(きょうかつ): 공갈　詐欺(さぎ): 사기　窃盗(せっとう): 절도　先入観(せんにゅうかん): 선입견
有罪(ゆうざい): 유죄　済州島(ちぇじゅとう): 제주도　訪れる(おとずれる): 방문하다　件数(けんすう): 건수　全土(ぜんど): 전토, 전 국토

トレーニング⑥ データの関連の強さを考える

・トレーニング⑤では数字の意味を検討する練習をしました。さらに、数字の解釈に関しては問題がなくても、以下のAやBのように、データの扱っている範囲に問題がある場合もあります。

意見に対してデータの扱っている範囲が
A：広い場合
　→　他の要素の影響が大きいかもしれず、適切なデータと言えない可能性がある
B：狭い場合・少しずれている場合
　→　拡大解釈をしている危険性がある

したがって、「少しでもテーマに関連がありそうなデータを、たくさん出しておけばいいだろう」とならないように気をつけましょう。そのような考えでは、データを提示しても論理性を高めることができないだけでなく、むしろ低めてしまいます。スライドの見やすさや発表時間の観点でも、関連の強いデータだけを提示する必要があります。

ここでは、データの扱っている範囲にも注意することで、自分の意見を強く支える効果的なデータかどうか検討する目を養います。ホップとステップの会話や議論において、データの扱っている範囲にどのような点で問題があるのか、考えてみましょう。

低(ひく)**める**：낮추다　**観点**(かんてん)：관점　**～目**(め)**を養**(やしな)**う**：판단하는 능력을 익히다

ホップ

女：このアイドルグループ、全員身長が180cm以上なんだって！最近すごく人気だよね。

男：そうだね。やっぱり、身長が高いアイドルグループは人気が出るよね。

ステップ

【主張】青少年を対象にしたシャットダウン制に賛成

【根拠】10代と20代はネットに依存している傾向が特に強い。

【データ】ネット依存の傾向(韓国)

※依存度「低/中/高」の中の、「高」の割合の比較

・10〜20代：14.6%　・30〜40代：9.0%　・50代以上：2.4%

※出典：「ICTがもたらす世界規模でのパラダイムシフト」(総務省，情報通信白書平成26年版)
http://www.soumu.go.jp/johotsusintokei/whitepaper/ja/h26/pdf/n4300000.pdf
(閲覧日：2018年8月16日)

依存(いぞん)：의존

ステップの解説

ここでは夜間にゲームができなくなるシャットダウン制に賛成する根拠として、10代と20代のネット依存傾向が高いことを示すデータを使っています。しかし、実は20代はシャットダウン制の規制対象ではありません。また、常にインターネットに触れていないと不安に感じたりする「ネット依存」において、その依存先のコンテンツはゲームだけではありません。SNSの利用や情報収集、買い物などを目的に長い時間インターネットを使う人もいます。したがって、意見に対してデータの扱っている範囲が広い、Aタイプの問題だと言えます。

ジャンプ

・以下のテーマに関して、賛成か反対の好きな方を選び、関連するデータをたくさん集めてきてください。授業では賛成または反対のグループに分かれ、調べてきたデータの関連性の高さを一緒に検討しましょう。

【テーマ】高校2、3年生での体育の授業必修化

~先(さき) : ~하는 곳, ~지, ~처 (목적지, 장소)　コンテンツ : 컨텐츠　収集(しゅうしゅう) : 수집
必修(ひっしゅう) : 필수

コラム：データ提示に関するTIP

1. どの数値を提示するか検討する

データによっては、数値を提示する時に%(割合)だけでなく実際の件数なども提示した方がいい場合があります。あるいはその逆で、実際の件数だけでなく%の結果も示した方がいいこともあります。例えば「90%の人が賛成」というデータをよく見るとアンケートの回答者は10人で、「賛成」と答えたのは9人だけだった、という場合を考えてみてください。「90%」という数値自体は間違いではありませんが%の結果だけを提示すると聞き手を偏った判断に導く可能性があります。このような場合は「90%(9人)が賛成」というように数値を両方出すと良いでしょう。

また割合だけでなく実際の件数に着目することで、同じデータが逆の意見の根拠になる場合もあります。例えばインターネット実名制に反対する根拠として、「誹謗コメントは26.8%から23.4%に、悪口を含んだコメントも5.1%から2.1%に減っただけだった」というデータを示す場合を考えてみましょう。

実名制の実施の前後でコメント件数自体が4259.5件から2156.4件に減少しているため、%の結果ではなくコメント件数で考えると、誹謗コメントは1141.5件から504.5件に、悪口を含んだコメントも217.2件から45.3件に大きく減少していると言えます。確かにコメント件数自体が半分ほどに減ってしまったことは実名制の課題と言えますが、同じデータを根拠にして「実名制には悪いコメントの件数を減らすのに一定の効果がある。だから賛成！」と言うことも可能ではないでしょうか。

参考文献

- 우지숙・나현수・최정민(2010)「인터넷 게시판 실명제의 효과에 대한 실증 연구」,『행정논총』48(1), 서울대학교, pp. 71-96
- 柳文殊(2013)「韓国におけるインターネット実名制の施行と効果」『社会情報学』2(1), 社会情報学会, pp. 17-29

自体(じたい)：자체　偏る(かたよる)：치우치다　導く(みちびく)：이끌다　着目(ちゃくもく)：착목　誹謗(ひぼう)：비방
減少(げんしょう)：감소　課題(かだい)：과제

2. 数字を誇張して提示しない

例えば賛成が40.2%、反対が26.3%だった時、発表スライドに「賛成は反対の約2倍」と書くのは誇張表現だと言えます。確かに、40.2%と26.3%を比較した結果である「1.53倍」の小数点第一位を四捨五入すると「2倍」であるのは間違いありません。しかし、聞き手を偏った判断に導くことがないように、このような場合では「約1.5倍」と書いた方が良いでしょう。

3. テーマに合わせて効果的なデータを提示する

テーマによっては、他の国や地域に関するデータや、世論調査や意識調査などのデータの提示が効果的なことがあります。なお他の国の現状を説明する時には、代表的な国の名前をいくつかスライドに提示するよりも、世界地図などで全世界の現状を示した上で該当する国が何ヵ国かというデータを具体的に提示した方が、視覚的にわかりやすいだけでなく偏りのない説明になると言えます。

またデータが提示しにくいテーマの場合、該当する憲法や法律を引用したり、過去の裁判の判決結果などを示すと効果的なことがあります。ただし、憲法や法律を引用する時は使われている表現が難しいため、どうしても必要な場合を除いてそのまま出すのではなく内容を簡単にまとめて示すなどの工夫があると良いでしょう。

4. できる限り新しいデータを使用する

古いデータは現状を反映していると言いにくい場合があるので、できる限り新しいデータを探しましょう。

誇張(こちょう) : 과장　**小数点**(しょうすうてん) : 소수점　**世論**(よろん) : 여론　**いくつか** : 몇 가지　**視覚**(しかく) : 시각
どうしても : 어떻게 해서라도

第Ⅱ部 わかりやすいプレゼンテーションにするために

1. 文字

2. データ

3. スライドの内容

コラム

チェックリストを参考に修正をおこない、自分のプレゼンテーションを見やすくてわかりやすいものにしましょう。ただしこの教科書はプレゼンテーションについての専門的なガイドブックではありません。以下では本当に最低限注意すべきことを、簡単に確認していきます。

チェックリスト

文字

- □ 大きさや色は適切か
- □ フォントは見やすいもので統一されているか

データ

- □ 数字などが読める大きさで提示されているか
- □ 出典や調査対象者数などが書かれているか

スライドの内容

- □ キャプチャー写真などは必要性を検討しているか
- □ 内容が簡潔にまとまっているか
- □ ナンバリングをして論理関係を明示しているか

ガイドブック：가이드 북　**最低限**(さいていげん)：최저한도　**フォント**：폰트　**出典**(しゅってん)：출전
キャプチャー：캡쳐　**簡潔**(かんけつ)：간결　**ナンバリング**：넘버링　**明示**(めいじ)：명시

1. 文字

文字に関するチェック項目① 大きさや色は適切か

教室の大きさやスライドのサイズなどに影響を受けるので一概には言えませんが、スライドの文字は24ポイント以上になるよう注意すると良いでしょう。また見やすくするため、文字の大きさはスライド全体で統一しましょう。約20人規模の教室で発表する場合、例えば「タイトルは44ポイント、見出しや強調する部分は32ポイント、本文は24ポイントにする」など、使用する大きさを3種類ほど決めてすべてのスライドでその大きさになるよう固定すると良いでしょう。

また文字の色にも注意しましょう。スライドの背景は白、文字の色は黒(または濃い灰色)が基本ですが、スライドの文章の中で特に強調したい部分は、文字を太字にしたり色を変えたりするなどの工夫で見やすくなります。ただし太字にされた部分が多かったり、色が多くなりすぎるとスライドはかえって見にくくなります。文字の色は黒を含めて2色か3色ぐらいにして多用は避け、全体のバランスに気をつけましょう。また、下線や影をつけると文字が読みにくくなるので基本的に使用しない方が良いでしょう。背景と文字の色のバランスにも気をつけて、字が読みにくくならないようにしましょう。

一概(いちがい)に : 일률적으로, 통틀어서　規模(きぼ) : 규모　固定(こてい) : 고정　太字(ふとじ) : 굵은 글씨
多用(たよう) : 다용

文字に関するチェック項目②
フォントは見やすいもので統一されているか

文字のフォントによってもスライドの印象が左右されます。発表用のスライドでは長い文章を提示しないので、一般的に明朝体ではなくゴシック体を使用します。無料のフォントのなかでは、太字との差が大きいフォントMeiryo(メイリオ)を使うと、いっそう見やすいスライドになります(日本語の場合)。またフォントに関しては特に、漢字の表記が韓国式のものにならないように注意しましょう。

MS Pゴシック

・フォントは見やすいもので統一しましょう。

Meiryo

・フォントは見やすいもので統一しましょう。

なお、自分のパソコンできれいに表示されていたフォントが、大学のパソコンではきれいに表示されないこともあります。そこでPowerPointの場合は、最終データに対して自分のパソコンで以下の操作をしておきましょう。

①「ファイル(파일)」選択
②「オプション(옵션)」選択
③「保存(저장)」選択
④ “プレゼンテーション共有時の画質保存(이 프레젠테이션 공유 시 화질 보존)”の“ファイルのフォントを含む(파일의 글꼴 포함)”に ☑

明朝体(みんちょうたい) : 명조체　ゴシック体(たい) : 고딕체　表記(ひょうき) : 표기　表示(ひょうじ) : 표시

練習問題

・以下のスライドを、文字の大きさや色、フォントなどに注意して修正しましょう。

人に害を与えたペットの殺処分(背景)

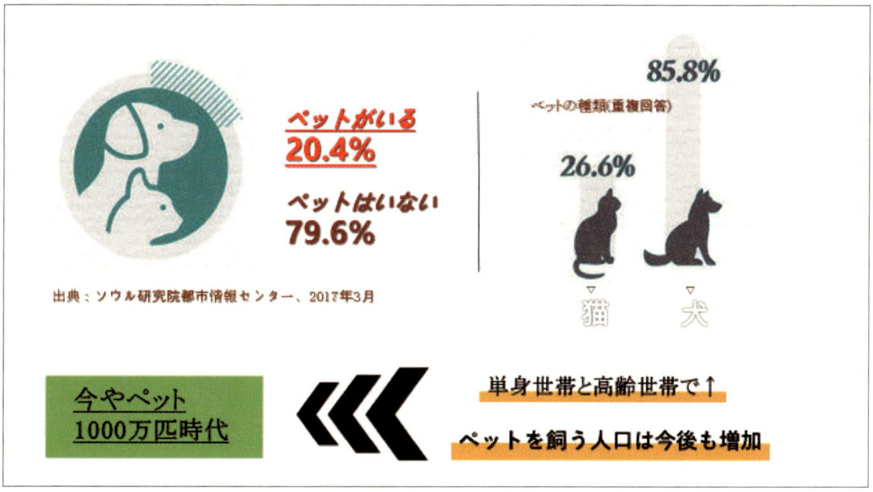

殺処分（さつしょぶん）: 살처분

2. データ

データに関するチェック項目①
数字などが読める大きさで提示されているか

スライドに示されたグラフなどの数字が小さすぎて読みにくい、ということがよくあります。しかしデータを提示して満足していても、数字が読めなければそのデータを出した意味はありません。そこで、データ内の数字の大きさやグラフタイトルなどの字の大きさに気をつけて、発表したときに読めるかどうかに注意する必要があります。1つのページに無理に複数のグラフを提示せず、次のページに提示するなどの工夫もしましょう。

また、数字などが読めるようにグラフを大きく提示することに伴って、重要部分、つまり話の内容と関連の強い部分だけを抜粋して新たに表にまとめるなどの作業も必要になるでしょう。

データに関するチェック項目②
出典や調査対象者数などが書かれているか

グラフなどのデータをスライドに提示する時は、出典(どの機関が調査した結果なのか)を書く必要があります。信用できる機関が発表したデータを使用するようにしましょう。なお、発表資料をe-classにアップする場合は、機関名だけでなく元々のデータを参照できるようにURLを示しておくのも良いでしょう。

また、調査期間あるいは調査結果が発表された年についてもスライドに明記する必要があります。さらにアンケートの結果などのデータである場合、調査対象者の数も書きましょう。20人くらいのアンケート結果なのか、1000人以上を対象にしたアンケート結果なのかなど、調査対象者の数によってそのデータの信頼度も違ってくるからです。

抜粋(ばっすい) : 발췌　参照(さんしょう) : 참조　明記(めいき) : 명기

グラフの効果的な提示

データを示す時は、下のグラフのように特に注目すべき重要部分の色を変えて示すと、いっそう見やすくなって効果的です。

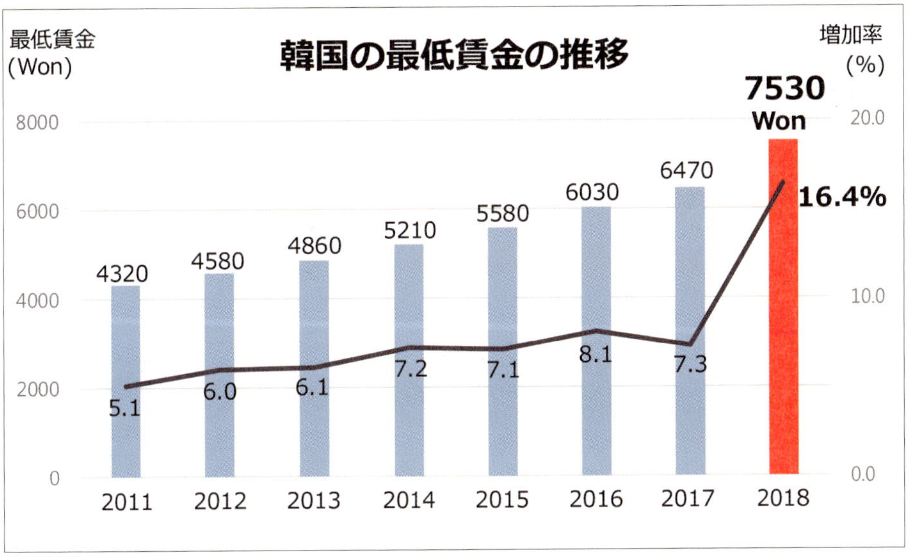

※出典：「年度別最低賃金」(最低賃金委員会)をもとに作成
https://www.minimumwage.go.kr/stat/statMiniStat.jsp（閲覧日：2018年8月16日）

練習問題

・50、51ページに示した2つのスライドを、データの見やすさや出典などに注意して修正しましょう。

安楽死(賛成側の根拠)

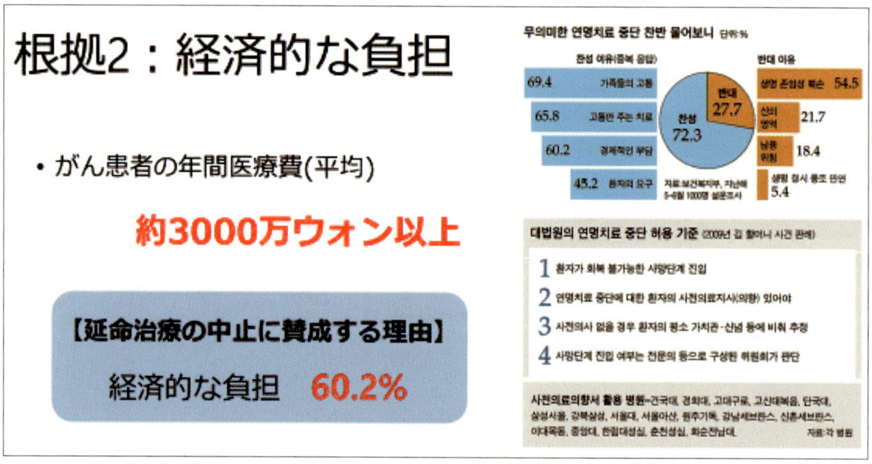

ポイント

① 医療費に関するデータの出典はどこでしょうか。

② 右のグラフを、数字が読める大きさにして提示しましょう。また韓国語は日本語に翻訳しましょう。データの出典や調査対象者の数を書くのも忘れずに。

練習問題

原子力発電の廃止（反対側の根拠）

根拠1　電力供給の問題

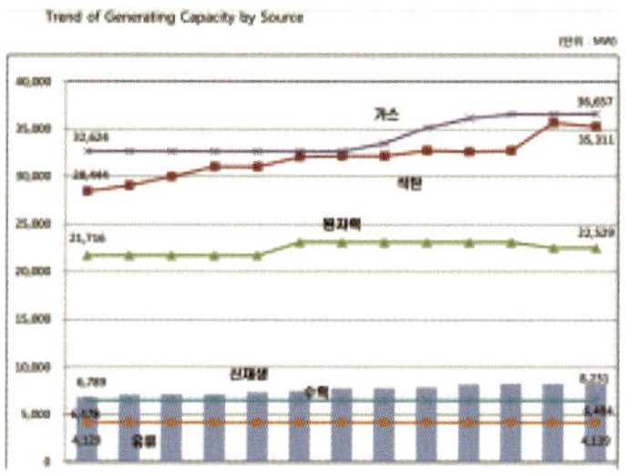

년 월	2016. 7	2016. 8	2016. 9	2016. 10	2016. 11	2016. 12	2017. 1	2017. 2	2017. 3	2017. 4	2017. 5	2017. 6	2017. 7
총발전설비	100,180	101,025	102,018	103,068	103,299	105,866	106,238	107,098	109,493	110,671	111,292	113,705	113,351
석 탄	28,444	29,033	29,963	31,013	31,013	32,095	32,125	32,125	32,720	32,595	32,715	35,711	35,311
원자력	21,716	21,716	21,716	21,716	21,716	23,116	23,116	23,116	23,116	23,116	23,116	22,529	22,529
가 스	32,624	32,624	32,624	32,624	32,624	32,624	32,624	33,471	35,172	36,180	36,611	36,611	36,657
수 력	6,478	6,475	6,480	6,480	6,485	6,485	6,485	6,485	6,485	6,484	6,484	6,484	6,484
유 류	4,129	4,129	4,129	4,129	4,129	4,129	4,139	4,139	4,139	4,139	4,139	4,139	4,139
신재생	6,789	7,040	7,307	7,307	7,333	7,477	7,750	7,762	7,862	8,158	8,228	8,231	8,231

주1) 2014년부터 집단에너지 에너지원별로 구분(유류→석탄,가스,유류)

2017年7月は約11.3万MWの電気を生産

- ガス　約3.7万MW　(32.3%)
- 石炭　約3.5万MW　(31.2%)
- **原子力発電　約2.3万MW　(19.9%)**

ポイント

① 左のグラフは出典やグラフタイトルを明記したうえで、数字が読める程度に大きく提示しましょう。見やすいグラフに作り直すのも良いですね。

② 右の表は必要ないため削除しましょう。また右下のデータは、数字を提示するだけでなく円グラフで視覚的に示すといっそうわかりやすくなります。右の表の最新データ（2017年7月）の結果をもとに新たに円グラフを作成してスライドに提示しましょう。なお2つのグラフを同じページに提示するのが難しい場合、2つ目のグラフは新しいページに提示するなどの工夫をしましょう

原子力(げんしりょく)：원자력　右下(みぎした)：오른쪽 아래　円(えん)グラフ：원 그래프　最新(さいしん)：최신

3. スライドの内容

スライドの内容に関するチェック項目①
キャプチャー写真などは必要性を検討しているか

下に示したスライドのように、テレビのニュースや新聞の見出しなどをキャプチャーした画像を使用する場合があります。この場合、提示された文字が韓国語のままだという問題があるだけでなく、文字が小さくて韓国語を読むのも大変なことが多く、画像提示の必要性に疑問を持つことが多くあります。本当にその画像を提示する必要があるのか、よく検討するようにしましょう。

ゲーム内のガチャシステム(反対側の根拠)

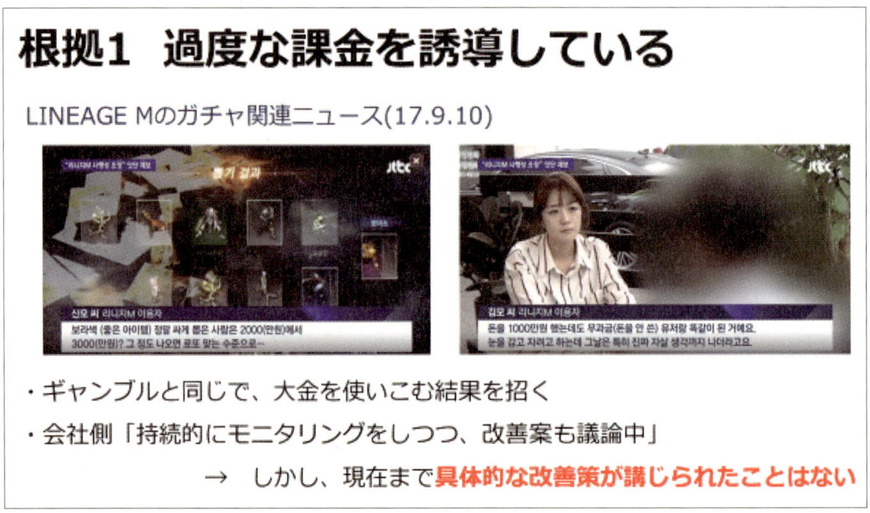

また、キャプチャー内の字幕部分だけでなく、グラフや図なども韓国語や英語のまま提示している発表が少なくありません。日本語会話の授業ですので、特に発表内容に関わる重要部分については、できる限り日本語に翻訳して提示するようにしましょう。

画像(がぞう)：화상　ガチャ：뽑기　字幕(じまく)：자막

スライドの内容に関するチェック項目②
内容が簡潔にまとまっているか

長い文章が書かれたスライドは見にくいので、箇条書きなどを利用して簡潔にまとめましょう。

その際、関連する内容をすべてスライドに出すのではなく、情報の重要度を検討して、重要な情報だけを提示しましょう。補足的な情報は口頭で説明すれば良いでしょう。

修正前

見やすいスライドにするには、どうしたら良いでしょうか

このスライドのように画面に長い文章を提示すると、発表を聞いている人は「文章を読む」ことに集中することになり、せっかく発表者が補足説明などをしていてもその情報が耳に入りにくくなってしまいます。また、重要なポイントが何であるかもわかりにくいと言えます。したがって、できる限り文章の形式での提示は避け、スライド上の文字数を減らしましょう。図やアイコンなどを上手に使用すると、文章で説明すると長くなる内容を少ない文字数でわかりやすく示すことができます。さらに最後を名詞で終わらせる「体言止め」を有効に活用することでも、文字数を減らすことができます。

箇条書き(かじょうがき) : 항목별로 글쓰기　**画面**(がめん) : 화면　**文字数**(もじすう) : 글자 수　**アイコン** : 아이콘
体言(たいげん) : 체언

修正後

見やすいスライドにするには

長い文章の提示

① 文章を読むことに集中　→　話が耳に入らない

② 重要ポイントがわかりにくい

☑ 図やアイコン
☑ 体言止め
→
スライド上の文字数が減らせる

練習問題

・以下のスライドを、内容の簡潔な提示に注意して修正しましょう。

堕胎罪の廃止（賛成側の根拠）

根拠2　経済的事情を無視した法である

韓国の出生率低下には経済的要因の影響が強いことが指摘されている。
子供の養育・教育費が韓国は他の国と比べて格段に高く、家計に大きな負担になっているだけでなく、教育費の負担は持続的に上昇している。
しかしこのような現状に対し、育児関連の政策や支援は不十分である。経済的に余裕がない状態で「望まない妊娠」をして子供を産んだ場合、父母にも子供にも辛い人生になってしまうのではないだろうか。
日本の「母体保護法」の第14条では、身体的または経済的理由で人工妊娠中絶をおこなうことを認めている。日本のように、韓国でも経済的理由での中絶を認めるべきだ。

参考文献

・李昔映（2012）「韓国における教育費が出生率に与える影響」『コンサルティング・レポート（2011年度）』，一橋大学国際・公共政策大学院公共経済プログラム，pp. 1-49

・宮崎亮一郎（2007）「母体保護法」『日産婦誌』59(3)，日本産科婦人科学会，pp. 15-23

堕胎（だたい）：낙태　出生率（しゅっせいりつ）：출생률　要因（よういん）：요인　養育（よういく）：양육　格段に（かくだん）：유달리, 특별히
家計（かけい）：가계　持続（じぞく）：지속　上昇（じょうしょう）：상승　支援（しえん）：지원　不十分だ（ふじゅうぶん）：불충분하다
産む（う）：낳다　母体（ぼたい）：모체　保護（ほご）：보호　～条（じょう）：조　中絶（ちゅうぜつ）：중절

スライド内の記号の使用

スライドの内容を簡潔にまとめるため、「→」や「⇒」、「=」のほか、「○」「×」「△」などの記号を使うことがあります。この時、すべてのスライドにおいて一貫して同じ意味で使用するよう心がけましょう。同じ記号を違う意味で使用すると、内容がかえってわかりにくくなったり、聞き手が内容を誤解してしまったりするからです。また、たくさんの種類の記号を使用するのも、同様の理由で避けた方がいいと言えます。

記号の意味が一貫していない例

・観光客の数
1999年 156万人 → 2015年 487万人

※ ここで「→」が示すのは変化や時間の経過

・ごみの量
1999年 262トン → 2015年 824トン

観光客の増加 → ごみの増加

※ ここで「→」が示すのは因果関係(原因と結果)

一貫（いっかん）: 일관　トン : 톤　経過（けいか）: 경과　因果（いんが）: 인과

スライドの内容に関するチェック項目 ③ ナンバリングをして論理関係を明示しているか

根拠や予想される反論、再反論などを発表する際にはスライドのタイトル部分に「根拠」「予想される反論」「再反論」と書いて、何について説明しているか明確にする必要があります。さらに、根拠や反論、再反論は複数あると思いますので、数字を付けて(ナンバリングをして)論理関係を明示しましょう。例えば、ある根拠を話した次のスライドの内容が、もう1つの新しい根拠なのか、前のスライドで話した根拠の補足説明なのか、あるいは1つ目の反論なのかが、よくわからない場合があります。そこでスライドのタイトル部分には「根拠2」「反論1」「再反論3」のように数字もつけるようにしましょう。数字も一緒に示すことで、論理展開がわかりにくくなることを避けられます。

コラム：初めの挨拶と終わりの挨拶

以下に提示する表現例を参考に、発表の初めと終わりには挨拶をしましょう。

初めの挨拶

【例①】

こんにちは。日本語通翻訳学科のキムジスです。
これから、積極的安楽死について発表いたします。どうぞよろしくお願いします。

【例②】

おはようございます。日本語通翻訳学科のキムジスと申します。
みなさん、積極的安楽死について、どのような考えをお持ちですか。
今日はこのテーマで発表いたします。どうぞよろしくお願いいたします。

終わりの挨拶

【例①】

私の発表は以上です。ありがとうございました。

【例②】

これで私の発表を終わります。ご清聴（いただき）、ありがとうございました。

ご清聴(せいちょう) : 자신의 이야기/발표를 들어 주신 것, 경청

注意すべき3つのこと

1.「発表させていただく」

「させていただく」という表現は、本来、自分側がおこなう行為に関して、A：相手(または第三者)の許可を受けておこなうものであり、B：それをおこなうことが自分にとって恩恵・利益となる場合に使われます。AとBの2つの条件をどの程度満たすかによって、適切かどうかが判断されます。

例えばセールスマンが自分の会社の商品の紹介をしたいと思ったら、忙しい相手に、いま紹介をして良いか確認をとって許可を得なければなりません。また商品の紹介は、それをきっかけに契約にいたる可能性があるため、自分側に恩恵が生じうる行為です。このような場合は、「紹介させていただきます。」などのような「させていただく」の使用には問題がありません。

ところで「発表させていただく」ですが、授業内で担当者が自分の発表日に発表をおこなう場合、その発表は相手(つまり先生や聞き手の学生たち)の許可を得ておこなうという性質のものではありません。そのため「させていただく」は、やや冗長的な言い方だと言えます。謙譲語の「いたす」を使用した、「発表いたします」の方が簡潔で無難な言い方だと言えるでしょう。

参考文献

・文化審議会答申(2007)『敬語の指針』，文化庁，pp. 40-41

行為(こうい)：행위　**第三者**(だいさんしゃ)：제3자　**満たす**(みたす)：만족시키다, 채우다
セールスマン：세일즈맨, 외판원　**冗長**(じょうちょう)：장황　**謙譲語**(けんじょうご)：겸양어　**無難だ**(ぶなんだ)：무난하다

2.「発表することになった」

「ことになる」は、自分以外の外部要因(他人や規則など)によって決められたことなどを表す時によく使用する表現です。もちろん、「結婚することになりました」などのように、自分が主体的に決めたことを婉曲的に表現する目的で「ことになる」が使用されることもあります。そのため「発表することになりました」も、日本語として完全に間違っているわけではありません。しかし「させていただく」の時と同様、冗長的な言い方なので、避けた方が良いと言えます。

3. 文が長い場合

1つの文が長いと聞いている人の負担になります。例えば以下のような初めの挨拶は1文が長いため、避けるようにしましょう。

今日、「韓国で積極的安楽死を認めるべきか」というタイトルで発表いたします、日本語通翻訳学科3年のキムジスです。

主体的(しゅたいてき) : 주체적　婉曲(えんきょく) : 완곡

고급
일본어회화

초판 인쇄 2019년 3월 4일
초판 발행 2019년 3월 11일

엮은이 한국외국어대학교
일본어통번역학과 교재편찬위원회
발행인 김인철
총괄 · 기획 가정준 Director, University Knowledge Press
편집장 신선호 Executive Knowledge Contents Creator
도서편집 박현정 Contents Creator
전자책편집 인은주 e-Contents Creator
재무관리 강현주 Managing Creator
사전 · 출판 정준희 Contents Creator
마케팅 파트장 백승이 Chief Marketing Creator
마케팅 이현진 Marketing Creator
발행처 한국외국어대학교 지식출판콘텐츠원
02450 서울특별시 동대문구 이문로 107
전화 02)2173-2493~7
팩스 02)2173-3363
홈페이지 http://press.hufs.ac.kr
전자우편 press@hufs.ac.kr
출판등록 제6-6호(1969. 4. 30)
디자인 · 편집 (주)이환디앤비 02)2254-4301
인쇄 · 제본 네오프린텍 02)718-3111

ISBN 979-11-5901-452-9 14730 정가 8,000원
ISBN 979-11-5901-449-9 (세트)

*잘못된 책은 교환하여 드립니다.

HUINE은 한국외국어대학교 지식출판콘텐츠원의 어학도서, 사회과학도서, 지역학 도서 Sub Brand이다. 한국외대의 영문명인 HUFS, 현명한 국제전문가 양성(International +Intelligent)의 의미를 담고 있으며, 휴인(携引)의 뜻인 '이끌다, 끌고 나가다'라는 의미처럼 출판계를 이끄는 리더로서, 혁신의 이미지를 담고 있다.

고급
일본어회화